J.-M. ROUSSEL

AUDITEUR AU CONSEIL D'ÉTAT

LA DÉCLARATION DU CARACTÈRE DE BIENFAISANCE

DES

DONS ET LEGS CHARITABLES

FAITS AUX

ÉTABLISSEMENTS PUBLICS OU D'UTILITÉ PUBLIQUE

(Art. 19 de la loi du 25 février 1901)

BERGER-LEVRAULT ET Cie, ÉDITEURS

PARIS	NANCY
5, RUE DES BEAUX-ARTS	18, RUE DES GLACIS

1904

J.-M. ROUSSEL

AUDITEUR AU CONSEIL D'ÉTAT

LA DÉCLARATION DU CARACTÈRE DE BIENFAISANCE

DES

DONS ET LEGS CHARITABLES

FAITS AUX

ÉTABLISSEMENTS PUBLICS OU D'UTILITÉ PUBLIQUE

(Art. 19 de la loi du 25 février 1901)

BERGER-LEVRAULT ET Cⁱᵉ, ÉDITEURS

PARIS | NANCY
5, RUE DES BEAUX-ARTS | 18, RUE DES GLACIS

1904

(EXTRAIT DE LA REVUE GÉNÉRALE D'ADMINISTRATION)

LA DÉCLARATION DU CARACTÈRE DE BIENFAISANCE

DES

DONS ET LEGS CHARITABLES

FAITS AUX ETABLISSEMENTS PUBLICS OU D'UTILITÉ PUBLIQUE

(ART. 19 DE LA LOI DU 25 FÉVRIER 1901)

En modifiant profondément, par la loi de finances du 25 février 1901, le régime fiscal des donations et successions, le législateur a été conduit à examiner la situation que les nouveaux tarifs adoptés créaient pour les établissements chargés d'œuvres d'assistance et de bienfaisance.

Jusqu'à cette loi, les droits payés par ces établissements, quand des dons ou des legs étaient faits en leur faveur, étaient les mêmes que ceux auxquels étaient assujettis tous les donataires ou légataires recevant une libéralité d'une personne dont ils n'étaient pas les parents au degré successible. Ces droits étaient de 11,25 p. 100 (décimes compris).

Au lieu de ce taux uniforme, l'article 2 de la loi de 1901 a fixé les droits de mutation à 15 p. 100 lorsque le legs fait à une personne non parente du testateur n'excède pas 2 000 fr., à 18,50 p. 100, quand le legs dépasse un million, en établissant entre ces deux termes des droits progressant selon le montant de la libéralité. Quant aux droits supportés par les donataires non parents du donateur, l'article 18 les fixe au taux invariable de 13,50 p. 100.

Cependant, dans le projet de loi qui a servi de base à la réforme

de 1901 [1], le gouvernement ne s'était nullement préoccupé de créer
une situation privilégiée aux établissements publics ou d'utilité publique. C'est seulement la commission de la Chambre des députés,
chargée d'étudier le projet, qui essaya de leur accorder quelques
avantages : elle proposa de maintenir les droits existants et de ne
taxer qu'à 11,25 p. 100 les dons et legs faits aux établissements publics ou d'utilité publique et affectés à des œuvres de bienfaisance
ou d'assistance. La Chambre des députés alla beaucoup plus loin :
dans sa séance du 22 novembre 1895, elle vota l'application aux établissements charitables du tarif fixé pour les successions en ligne
directe et pour les donations entre ascendants et descendants. Les
droits variaient, d'après ce tarif, entre 1 et 4 p. 100, selon le montant des legs. Pour les donations, ils étaient invariablement fixés à
3,75 p. 100.

Le Sénat, quand le projet lui fut soumis, adopta bien le principe,
mais se montra beaucoup moins libéral dans son application. L'on
fit valoir, soit devant la commission, soit dans la discussion devant
le Sénat, divers arguments : l'on fit remarquer que, fort souvent,
les établissements charitables sont pourvus de ressources très gran-
des ; que l'État a, lui aussi, ses dépenses d'assistance ; qu'il est juste
enfin de prélever une part sur les dons et legs faits aux établissements largement dotés, afin de pouvoir subventionner des œuvres
parfois fort utiles, mais incapables de se suffire à elles-mêmes. Le
Sénat vota donc, en première lecture, dans sa séance du 2 mars 1900,
un projet de loi dont un article réduisait seulement à 9 p. 100 les
droits de mutation payés à raison des dons et legs charitables faits
aux établissements publics ou d'utilité publique.

Ce projet de loi ne fut pas voté définitivement par le Sénat ; il fut
retiré par décret, le 2 juin 1900 ; mais le ministre des finances l'in-
séra dans le projet de loi de finances pour l'exercice 1901 ; et, au
point de vue qui nous occupe, ce fut le texte voté par le Sénat que
reprit le gouvernement.

Si, dans la discussion qui s'ouvrit à nouveau devant les Chambres,
ce texte subit quelques modifications, celles-ci n'affectèrent en rien
le taux même des droits. La Chambre des députés repoussa l'amen-
dement présenté par M. Lebret, le Sénat, celui de M. César Duval,

---

1. Projet de loi présenté par M. Poincaré, ministre des finances, le 24 juillet 1894.

amendements qui, tous les deux, tendaient à accorder un dégrèvement plus large en faveur des établissements publics et d'utilité publique.

Voici d'ailleurs quelles sont, dans la partie concernant les libéralités charitables auxquelles nous croyons devoir borner notre étude, les dispositions votées par le législateur : elles forment l'article 19 de la loi de finances du 25 février 1901 :

« *Sont soumis à un droit de 9 p. 100, sans addition de décimes, les dons et legs faits aux départements et aux communes, en tant qu'ils sont affectés par la volonté expresse du donateur à des œuvres d'assistance, ainsi que les dons et legs faits aux établissements publics charitables et hospitaliers, aux sociétés de secours mutuels et à toutes autres sociétés reconnues d'utilité publique dont les ressources sont affectées à des œuvres d'assistance*[1].

« *Il sera statué sur le caractère de bienfaisance de la disposition par le décret rendu en Conseil d'État ou l'arrêté préfectoral qui en autorisera l'acceptation...* »

Le troisième paragraphe du même article fait également bénéficier de cette réduction de droits les dons et legs faits aux sociétés d'instruction et d'éducation populaire gratuites reconnues d'utilité publique et subventionnées par l'État.

La différence entre l'application de la loi, d'une part, aux établis-

---

[1]. Sans parler des exemptions d'impôts directs dont bénéficient certains établissements charitables, les réductions des droits indirects perçus à l'occasion des libéralités à ces établissements ne sont pas nouvelles dans notre législation.

Nous pouvons citer :

L'article 1er de l'arrêté consulaire du 10 brumaire an XII, réduisant à 1 fr. le droit fixe d'enregistrement perçu sur les dons et legs faits aux *hospices;* la loi du 7 pluviôse an XII, accordant le même bénéfice aux *Pauvres et Hôpitaux.*

Une faveur analogue fut même accordée à des établissements autres que les établissements charitables : c'est ainsi que l'article 81 du décret du 30 décembre 1809 soumet au même droit fixe les donations faites aux fabriques.

Enfin, l'article 7 de la loi du 16 juin 1824 est tout à fait compréhensif : voici, en effet, comment il est conçu :

« Les départements, arrondissements, communes, hospices, séminaires, fabriques, congrégations religieuses, consistoires, et généralement tous établissements publics légalement autorisés paieront dix francs pour droit fixe d'enregistrement..... sur les donations ou les legs qu'ils recueilleront..... »

L'article 17 de la loi du 18 avril 1831 abroge l'article 7 de la loi de 1824 et généralement les dispositions des lois, décrets et arrêtés du gouvernement assujettissant seulement à un droit fixe les libéralités aux établissements publics ou d'utilité publique. Ceux-ci rentrent donc dans le droit commun.

sements dénommés dans le paragraphe 1ᵉʳ et, d'autre part, aux sociétés du paragraphe 3 saute aux yeux : tandis que pour les premiers, il est nécessaire que le gouvernement ou le préfet intervienne à chaque libéralité pour accorder le tarif de faveur, les sociétés d'instruction ou d'éducation populaire jouissent de ce droit en vertu de la loi elle-même, sans déclaration gouvernementale ou préfectorale, à la condition qu'elles soient subventionnées par l'État[1]. Il a paru, en effet, au législateur, que la décision par laquelle le gouvernement accorde cette subvention constitue une garantie suffisante de l'utilité réelle de la société qui en est l'objet.

Cette différence s'explique aussi par le nombre des établissements qui ont la capacité charitable, et par la difficulté parfois très grande d'assigner à une libéralité déterminée son véritable caractère.

Quoi qu'il en soit, tandis que l'exemption particelle de droits accordée aux sociétés d'éducation ne semble pas devoir donner lieu à de graves difficultés en pratique, il n'en est pas de même des dispositions relatives aux libéralités ayant le caractère de bienfaisance ; les variations de la jurisprudence qui se sont produites, sur ce point, dans la période relativement courte où la loi du 25 février a reçu son application, en sont une preuve manifeste.

La première, la plus importante, des questions qui doivent être posées sur le deuxième paragraphe de l'article 19, nous semble être la suivante :

Quelle est la valeur, la portée de l'acte par lequel le gouvernement en Conseil d'État (ou le préfet, selon les espèces) statue sur le caractère de bienfaisance d'une libéralité faite à un établissement public ou d'utilité publique ?

Il est assez difficile de se prononcer *a priori* ; et, sur ce point, les travaux préparatoires ne nous donnent que des indications assez incertaines.

---

1. L'assimilation entre les établissements de bienfaisance et les sociétés d'instruction a été cependant soutenue, mais nous croyons devoir maintenir notre opinion ; le mot « bienfaisance » employé par le législateur ne nous paraît pas, en effet, applicable aux libéralités faites en vue de l'instruction ou de l'éducation.

Cependant, deux théories nous paraissent pouvoir se défendre : la première accorde à la déclaration gouvernementale ou préfectorale une valeur absolue : le législateur a délégué, pour ainsi dire, ses pouvoirs au gouvernement en Conseil d'État et au préfet, et, lorsque ceux-ci ont statué, l'administration chargée d'appliquer et de recouvrer les droits, l'autorité judiciaire à qui appartient le contentieux des contributions indirectes, sont absolument liées par leur décision.

Ainsi, lorsqu'un décret en Conseil d'État porte la formule suivante, généralement adoptée : « Il est déclaré que la libéralité dont l'acceptation a été autorisée par l'article... du présent décret a le caractère de bienfaisance prévu par l'article 19, paragraphe 2, de la loi du 25 février 1901 », cette déclaration équivaut à ceci : « Il sera perçu un droit de 9 p. 100 sur le montant de la libéralité dont l'acceptation a été autorisée par tel article du présent décret. » L'établissement en faveur duquel cette disposition a été prise aurait, selon cette opinion, un droit acquis à ne payer que le taux réduit de 9 p. 100.

Nous croyons cette théorie beaucoup trop absolue et nous estimons qu'il y a lieu d'établir des distinctions entre les divers cas qui peuvent se présenter.

Tout d'abord il est hors de doute que l'administration de l'enregistrement, non plus que l'autorité judiciaire ne peuvent, en l'absence d'une déclaration gouvernementale ou préfectorale, apprécier elles-mêmes le caractère de bienfaisance d'une libéralité et accorder la réduction de droits. Sur ce point, nous ne croyons pas qu'une hésitation soit possible : il résulte, en effet, des travaux préparatoires que le législateur a entendu faire de la déclaration un préalable obligatoire de l'application du tarif de faveur : il a voulu réserver le droit de statuer aux autorités qui exercent la tutelle administrative sur les divers établissements publics ou d'utilité publique, estimant ces autorités les mieux qualifiées pour apprécier le véritable caractère de libéralités sur lesquelles elles statuent quotidiennement.

Si nous examinons la situation inverse, celle où l'autorité compétente a reconnu dans la libéralité le caractère de bienfaisance, il est encore nécessaire de faire une distinction.

Le gouvernement en Conseil d'État et le préfet ont évidemment un pouvoir d'appréciation souverain en cette matière, au regard de l'autorité judiciaire, en ce sens qu'aucun tribunal ne peut mettre en doute le caractère de bienfaisance déclaré, que tout tribunal doit, au contraire, tirer de la déclaration telles conséquences que de droit.

Mais il est possible de prévoir des cas particuliers où cette déclaration ne comportera aucune conséquence. En premier lieu, il est à peine besoin de l'indiquer, l'acte par lequel l'autorité administrative reconnaît une libéralité comme charitable ne fait en rien préjuger de la validité même de cette libéralité ; quoique la déclaration ne soit pas un acte de tutelle, elle a, seulement quant au fond du droit, la même valeur qu'un acte de tutelle. De ce chef, la déclaration du caractère de bienfaisance ne produira donc aucun effet, dans les espèces où la libéralité elle-même sera jugée caduque par l'autorité judiciaire.

Nous pouvons imaginer encore une autre hypothèse dans laquelle la déclaration se trouvera sans objet et ne liera pas l'autorité judiciaire. Cette hypothèse d'ailleurs n'est pas purement fictive et s'est déjà présentée dans la pratique.

Dans la période qui a suivi immédiatement la loi de 1901, plusieurs décrets contenant la formule déclarative ont autorisé l'acceptation de legs charitables, alors que l'ouverture de la succession dont ces legs dépendaient remontait à une date antérieure à la promulgation de la loi du 25 février. Ces décrets avaient-ils eu pour effet de placer les établissements bénéficiaires des legs sous le nouveau régime fiscal ? L'administration de l'enregistrement ne l'a pas pensé et réclama les droits, calculés, d'après l'ancien tarif, à 11,25 p. 100. Il nous paraît bien évident que, si les tribunaux judiciaires avaient été saisis de la question, ils n'étaient pas liés par la déclaration gouvernementale : sans mettre en doute le caractère de bienfaisance des libéralités, ils pouvaient constater que ces libéralités avaient été faites sous un régime antérieur à la loi de 1901, et leur appliquer le tarif supporté sous ce régime par les libéralités charitables. Ce qui était en jeu, c'était l'époque à laquelle la mutation de propriété avait eu lieu, où par conséquent les droits de mutation étaient dus, et cette question est entièrement du ressort de l'autorité judiciaire.

Jusqu'ici, nous avons considéré l'autorité judiciaire en face d'une déclaration émanant d'une autorité administrative compétente : quelle serait la solution si elle émanait d'une autorité incompétente ?

Deux cas peuvent se présenter : la déclaration a pu être faite par une autre autorité que le gouvernement en Conseil d'État ou le préfet, qui seuls, d'après le paragraphe 2 de l'article 19, ont le droit de la faire : dans cette hypothèse, le tribunal doit ne tenir aucun compte de cet acte illégal. Au contraire, si des doutes s'élèvent sur la validité d'un décret ou d'un arrêté préfectoral, sur la compétence du préfet dans une espèce déterminée, l'autorité judiciaire doit, évidemment, surseoir à statuer[1]. Il s'agit en effet d'une question préjudicielle dont la solution est réservée à la juridiction administrative. Ce n'est d'ailleurs que l'application à cette matière des principes généraux auxquels nous nous référons.

*
* *

Nous avons vu que la déclaration du caractère de bienfaisance était un préalable obligatoire, sans lequel l'administration de l'enregistrement, non plus que le juge des contributions indirectes, ne peuvent accorder le bénéfice du droit réduit de 9 p. 100. Mais, si les établissements donataires ou légataires n'ont aucune action pour demander ce bénéfice en l'absence de la déclaration, ont-ils le droit de réclamer cette déclaration elle-même à l'autorité administrative ?

La réponse ne peut être que négative si l'on a en vue une action contentieuse : cette déclaration est un acte purement gracieux, analogue à une remise de droits[2] ; le législateur a voulu laisser le gouvernement et le préfet seuls juges de son opportunité.

Pourrait-on, du moins, en ce qui concerne les arrêtés préfectoraux, agir par la voie hiérarchique ? En principe, nous estimons que rien ne s'y oppose : le ministre peut toujours réformer, aux termes de l'article 6 du décret du 25 mars 1852, les arrêtés préfectoraux qui « donneraient lieu aux réclamations des parties intéressées ».

---

1. Le cas le plus fréquent semble devoir être celui où des doutes s'élèveront sur la compétence du préfet à statuer ; la question est souvent fort délicate : nous signalerons seulement, à titre d'exemple, les libéralités sur lesquelles le préfet peut statuer ordinairement et dont il est dessaisi par suite de réclamations d'héritiers : il est parfois très difficile d'apprécier le caractère des demandes faites par les héritiers et de savoir si elles constituent de véritables réclamations.

2. On a signalé, au cours des discussions, et dans les rapports devant les Chambres, une analogie entre cette matière et la remise des droits d'accroissement faite aux congrégations charitables par des décrets en Conseil d'État.

Mais cette question nous semble devoir être réservée : il y a doute, en effet, d'une manière générale, sur le point de savoir si une déclaration, faite par un acte postérieur à l'arrêté ou au décret de tutelle autorisant l'acceptation de la libéralité, est valable, d'après les termes mêmes de l'article 19 ; nous examinerons donc ce point particulier en traitant la question générale.

Le gouvernement (ou le préfet) est, nous l'avons dit, maître absolu de faire ou de ne pas faire la déclaration qui lui est demandée ; mais, lorsque cette déclaration est acquise, est-il libre de revenir sur sa décision [1] ?

Dans une hypothèse, au moins, la réponse nous semble devoir être nettement affirmative, c'est le cas où la libéralité change de caractère postérieurement à la déclaration. Prenons un exemple : une donation est faite à une congrégation hospitalière pour fondation d'un lit ; le décret d'autorisation reconnaît le caractère de bienfaisance de cette libéralité ; postérieurement au payement des droits, la congrégation demande à changer la destination de la somme donnée, à l'employer à payer des travaux de réparation ou d'embellissement d'une chapelle ; le donateur y consent et le gouvernement donne son approbation ; il nous paraît évident que le décret qui interviendra nécessairement pour prescrire le nouvel emploi des fonds pourra valablement rapporter la disposition par laquelle était déclaré le caractère de bienfaisance de la libéralité ; et, quel que soit le temps écoulé depuis le payement des droits, l'administration aura certainement le pouvoir de les liquider à nouveau et de percevoir un supplément.

Il nous semblerait assez difficile de ne pas adopter la même solution dans le cas où l'établissement modifierait, en fait, la destination de la libéralité charitable, sans avoir demandé et obtenu l'autorisation gouvernementale ; il y aurait là un fait que nous assimilerions volontiers à une fraude et qui nous paraît tout à fait de nature à motiver le retrait de la déclaration de l'article 19.

Dans les deux espèces que nous venons d'imaginer, le retrait de la déclaration s'expliquait par un fait nouveau, postérieur à la déclaration, et pouvant donner ainsi naissance à la perception de

---

1. A notre connaissance, aucune décision de cette nature n'est encore intervenue. C'est donc une opinion toute personnelle que nous exposons.

droits nouveaux. La solution serait-elle la même si aucun fait nouveau n'était intervenu ?

En principe, tout acte d'autorité peut être rapporté ; ce principe ne subit qu'une exception, dans le cas où ces actes ont créé des droits ; il en est ainsi en matière d'actes de tutelle ; mais ici, quoique le législateur ait semblé rapprocher la déclaration d'un acte de tutelle, au moins quant à la forme, il est bien certain qu'elle ne constitue pas un acte de tutelle. Crée-t-elle du moins des droits au profit des bénéficiaires ? En réalité, ce n'est pas la déclaration qui crée les droits, elle ne fait que les constater ; c'est le caractère de bienfaisance de la libéralité, qui, en vertu de la loi, les fait naître. Si donc ce caractère de bienfaisance manque en fait, la déclaration n'a pu créer qu'une apparence de droit, qu'un acte contraire ferait disparaître. Nous croyons donc que l'autorité administrative peut revenir sur une déclaration qu'elle juge erronée, qu'en cette matière également le ministre pourrait annuler une décision prise par le préfet ; nous ne nous dissimulons d'ailleurs pas que cette théorie prête à l'arbitraire ; mais les actes d'autorité comportent toujours une certaine part d'arbitraire et, de plus, si nous estimons que l'autorité administrative n'excède pas ses pouvoirs en rapportant une déclaration, c'est seulement sous la condition que cet acte ait bien véritablement pour but de réparer une erreur commise : c'est-à-dire que, d'après notre pensée, le recours pour détournement de pouvoirs doit être, aussi largement que possible, ouvert en cette matière aux intéressés. En outre, nous ferons remarquer que, très souvent, ce retrait de la déclaration, inattaquable, n'aurait, en pratique, aucune conséquence, et serait, par là même, inutile. Au bout d'un bref délai, en effet, la prescription serait opposable, et aucun supplément de droits ne pourrait être perçu.

*
* *

Si l'autorité administrative peut retirer une déclaration déjà acquise, à plus forte raison semblerait-il que, lorsque, par erreur ou omission, le décret ou l'arrêté autorisant l'acceptation de la libéralité a négligé de statuer sur le caractère de bienfaisance, un acte postérieur pourrait valablement faire la déclaration.

Cependant, la question a été fort discutée et elle est, à vrai dire, fort délicate, si l'on examine avec attention les termes mêmes dont s'est servi le législateur. Voici en effet la teneur du paragraphe 2 de l'article 19 de la loi du 25 février 1901 :

« Il sera statué sur le caractère de bienfaisance de la disposition *par le décret rendu en Conseil d'État ou l'arrêté préfectoral qui en autorisera l'acceptation.* »

L'application pratique de ce texte soulève deux difficultés :

En premier lieu, ainsi que nous l'indiquons, l'on peut se demander si le préfet ou le gouvernement ont le droit de réparer leur omission, quand ils ont déjà statué sur la libéralité par un acte de tutelle ; mais, d'autre part, une seconde question se pose : lorsque nous sommes en présence d'un établissement qui peut accepter directement une libéralité, sans l'intervention de l'autorité supérieure, comment concilier les textes qui lui ont donné ce pouvoir d'acceptation libre, avec le paragraphe de la loi du 25 février que nous venons de citer ?

La première question a donné lieu à une controverse qui s'est produite entre deux opinions distinctes et même, au premier abord, absolument opposées.

Le gouvernement, dans les premiers jours de la mise en vigueur de la loi de 1901, avait pris plusieurs décrets autorisant des libéralités charitables, sans faire en même temps la déclaration prévue par l'article 19 ; sur la réclamation des intéressés, le gouvernement saisit le Conseil d'État de projets de décrets réparant cette omission.

La haute assemblée ne fut pas tout d'abord d'avis d'adopter ces projets de décrets. Les raisons que l'on peut donner à l'appui de cette opinion sont évidemment très fortes, en droit. D'une part, les termes de la loi semblent formels et rien, dans les travaux préparatoires, ne nous permet d'affirmer qu'il ne faut pas interpréter littéralement le texte de l'article.

D'autre part, les règles spéciales de la législation de l'enregistrement fournissent un argument qu'il n'est pas possible de passer sous silence : l'article 60 de la loi du 22 frimaire de l'an VII s'oppose à ce que les droits d'enregistrement régulièrement perçus, en conformité de la loi, soient remboursés, même alors qu'un événement ultérieur à la perception vient démontrer qu'ils ont été perçus à tort ; ce principe, qui n'a d'ailleurs comme raison d'être que l'intérêt du fisc, a été toujours très rigoureusement appliqué par l'administration de l'enregistrement et par les tribunaux judiciaires. Dès lors, comme entre le décret d'autorisation et celui qui statuerait sur le caractère de bienfaisance, les droits ont pu avoir été acquittés, l'effet de la déclaration serait très souvent paralysé par l'application stricte de la loi de l'an VII.

Cependant, en pratique, cette interprétation rigoureuse risque d'aboutir à des conséquences peu conformes à l'équité : elle fait, en quelque sorte, supporter une erreur de l'administration aux contribuables ; et, dans la circonstance, les contribuables sont les pauvres ou leurs représentants. Aussi le Conseil d'État a-t-il cru devoir, après quelques hésitations dans sa jurisprudence, ne pas sanctionner cette première opinion d'une manière trop absolue. Il a pensé que le vœu du législateur était d'assurer le contrôle sévère de l'autorité supérieure sur les libéralités charitables ; or, il est bien évident que c'est au moment même où la donation vient d'être faite, où la succession vient de s'ouvrir, que cette autorité est le mieux placée pour juger de l'esprit dans lequel la libéralité a été faite par son auteur, pour apprécier, en pleine connaissance de cause, toutes les circonstances qui peuvent déterminer le véritable caractère de cette libéralité ; mais la volonté du législateur ne serait-elle pas accomplie si, dans un délai assez bref après le décret d'autorisation, l'autorité administrative, ayant encore en mains toutes les pièces de l'affaire, ne faisait que réparer une erreur commise ? D'ailleurs, si le texte même de la loi interdit de statuer par un décret nouveau, n'est-il pas possible de se borner à modifier, à rectifier le premier décret, en y insérant une disposition complémentaire qui en fera dès lors partie intégrante ?

Quant à l'argument tiré de l'article 60 de la loi de l'an VII, en admettant même qu'il soit inattaquable lorsque les droits ont été réellement perçus, il tombe de lui-même quand l'enregistrement n'a pas encore reçu le montant de l'impôt. Dès lors, quand il sera fait, devant l'autorité chargée de statuer, la preuve que les droits de mutation n'ont pas encore été recouvrés (ce qui, d'ailleurs, suppose que le décret d'autorisation est intervenu depuis peu de temps seulement), la déclaration sera, semble-t-il, possible et capable de produire ses effets.

C'ést là la doctrine qui paraît avoir été appliquée par le Conseil d'État dans sa plus récente jurisprudence. La haute assemblée admet que les omissions de déclarations qui se sont produites par erreur pendant la première période d'application de la loi peuvent être réparées par des décrets complémentaires, lorsque les droits d'enregistrement n'ont pas encore été perçus.

Doit-on aller plus loin, et décider, malgré l'article 60 de la loi de l'an VII, que, lorsque les droits de mutation ont été perçus, la déclaration peut encore intervenir ?

La question est assez délicate, et ne doit pas être réservée au seul cas que nous venons d'examiner. Il est possible, en effet, que les droits aient été perçus avant qu'aucun décret d'autorisation ait été rendu : l'article 19 de la loi du 25 février 1901, *in fine*, tout en ne faisant courir contre les établissements publics le délai dans lequel les droits doivent être perçus que du jour de l'autorisation, prescrit de ne pas retarder le payement des droits de mutation au delà du terme de deux ans à compter du jour du décès du testateur. Dans nombre d'espèces, cette disposition, combinée avec l'article 60, aurait pour effet de rendre impossible la déclaration du caractère de bienfaisance.

Et, il faut le remarquer, ce résultat se produirait, la plupart du temps, dans les affaires importantes, pour les libéralités d'un chiffre élevé, qui donnent lieu à des difficultés, parfois à des réclamations d'héritiers, à des transactions, etc. ; de telle sorte que c'est lorsque l'intérêt des établissements serait le plus en jeu que la disposition libérale de la loi du 25 février ne trouverait pas son application. Une telle solution nous paraît difficile à admettre : dans tous les cas, l'autorité administrative ne doit pas, à notre avis, la rendre obligatoire, en refusant de faire la déclaration, quand les droits ont été perçus : ce n'est pas, en effet, au Conseil d'État ou au préfet qu'il appartient d'assurer l'application de l'article 60 de la loi de frimaire : ce n'est pas à ces autorités qu'il appartient même d'en donner l'interprétation. Or, les tribunaux judiciaires, tout en se montrant, en général, fort rigoureux dans l'application de ce texte, n'ont pas laissé parfois de tempérer leur jurisprudence, et cela dans des espèces qui présentent quelque analogie avec celle que nous étudions.

C'est ainsi, par exemple, que les droits ont été assez souvent rem-

-boursés quand l'on a constaté une erreur matérielle dans l'applica-tion du tarif, et surtout lorsque l'erreur provenait de l'administration.

Ici, ne peut-on dire qu'il y a, soit dans l'omission de la déclaration, soit dans les retards apportés à la solution de l'affaire, une faute qui n'est pas imputable au contribuable et dont il ne doit pas, dès lors, subir les conséquences ?

En second lieu, l'on a parfois remboursé aux contribuables la totalité ou une partie des droits d'enregistrement, lorsqu'une circonstance leur donnant droit à une exemption totale ou partielle a été reconnue fondée postérieurement au payement, mais à la condition que cette circonstance ait existé antérieurement à cet acte.

Nous citerons de ce fait deux exemples :

Le premier résulte d'une délibération de la régie de l'enregistrement, en date du 13 novembre 1838 [1] : il a été décidé que « lorsqu'une -donation qui n'énonçait pas le degré de parenté du donataire et du -donateur a été assujettie au droit établi pour les donations entre étrangers, la régie est tenue de restituer ce qui a été perçu en trop, s'il est justifié, dans les deux ans de la perception, du degré de parenté ».

Nous trouvons un second exemple dans un jugement du tribunal de la Seine du 8 mai 1858 (affaire Hazedorn) [2]. Le tribunal a déclaré que, sous l'empire de la loi du 18 mai 1850, les droits de mutation par décès payés, par erreur, à raison de fonds publics étrangers dépendant d'une succession non régie par la loi française, sont répétés à bon droit, si l'extranéité du défunt vient à être prouvée dans le délai imparti pour les demandes en restitution.

Ne peut-on observer une analogie, d'une part, entre cette circonstance de la parenté ou de l'extranéité, existant évidemment lors de la donation ou de l'ouverture de la succession, mais reconnues seulement postérieurement à la perception des droits et, d'autre part, le caractère de bienfaisance, qui appartient à la libéralité dès son origine, mais qui, après payement des droits de mutation, est attesté par une preuve, la seule preuve légale en l'espèce, la déclaration de l'autorité administrative ?

Nous ne prétendons pas, d'ailleurs, que cette analogie soit com-

---

1. Dalloz, *Répertoire*, v° *Enregistrement*, n° 5392.
2. Cité dans Dalloz, *Supplément au Répertoire*, v° *Enregistrement*, n° 3101.

plète : il y a des différences entre la preuve de la parenté qui résultera de la production d'actes de naissance ou de pièces dont l'autorité judiciaire sera seule juge, et celle du caractère charitable d'un legs, qui ne peut résulter que d'un acte de la puissance publique. Il n'en est pas moins vrai que la question de savoir si, dans cette hypothèse, les droits peuvent être remboursés, n'est pas forcément, ainsi qu'on l'a vu, résolue par la négative ; la déclaration ne fait que constater un droit qui existait dès l'origine de la libéralité au profit du bénéficiaire, par conséquent antérieurement à la perception de l'impôt.

Cela suffit-il pour décider que les droits n'ont pas été régulièrement perçus, en conformité de la loi, au sens de l'article 60 ?

C'est aux tribunaux judiciaires qu'il appartient de répondre ; par conséquent, il serait expédient que l'autorité administrative ne refûsât pas de faire la déclaration prévue à l'article 19, sous le prétexte que les droits ont déjà été perçus, afin de permettre à l'autorité judiciaire d'être saisie de la question, si l'administration de l'enregistrement considérait la déclaration comme ne donnant pas lieu au remboursement des droits.

**

Nous avons dit qu'à côté de la question que nous venons de traiter, le paragraphe 2 de l'article 19 en soulevait une autre, non moins difficile à résoudre, et qui peut se poser ainsi : lorsque la libéralité est faite à un établissement qui tient de la loi le pouvoir d'accepter les dons et legs sans autorisation, comment sera constaté le caractère de bienfaisance ?

La question offre d'autant plus d'intérêt que quelques jours avant la loi du 25 février, une loi du 4 février 1901 étendait sur ce point la compétence des établissements publics. Dorénavant. outre le département qui accepte les dons et legs sans autorisation lorsqu'il n'y a pas de réclamations des familles, en vertu de la loi du 10 août 1871 [1], le conseil municipal pourra, lui aussi, statuer définitivement sur les libéralités faites à la commune [2] sous la même condition ;

---

1. Loi du 10 août 1871, article 46, et loi du 4 février 1901, article 2.
2. Loi du 5 avril 1884 : article 111 modifié par la loi du 4 février 1901, article 3.

de même les établissements publics[1] n'ont plus besoin d'autorisation, si les libéralités n'ont pas donné lieu à réclamation et si elles ne sont pas grevées de charges, de conditions ou d'affectation immobilière.

Dans tous ces cas, aucun décret ni arrêté n'est nécessaire pour autoriser l'acceptation ; cependant le paragraphe 2 de l'article 19 de la loi du 25 février porte qu' « il sera statué sur le caractère de bienfaisance de la disposition par le décret rendu en Conseil d'État ou l'arrêté préfectoral qui en autorisera l'acceptation ».

Cette disposition n'a certainement pas eu pour effet de modifier les compétences établies par la loi du 4 février ; il est évident que le caractère de bienfaisance d'une libéralité n'obligera pas la commune ou le département à se pourvoir d'une autorisation préfectorale ou gouvernementale, comme les réclamations des familles. Si le gouvernement n'intervient pas, l'acceptation n'est pas moins valable ; mais il se peut seulement que l'établissement soit obligé de payer les droits d'après le tarif ordinaire et non d'après le tarif de faveur.

Deux solutions paraissent seules possibles : ou bien l'administration de l'enregistrement se contentera d'une déclaration du caractère de bienfaisance faite par le conseil général, ou le conseil municipal, ou le représentant des établissements publics ; ou bien, un arrêté préfectoral, sans autoriser l'acceptation, fera la déclaration prescrite.

La première de ces deux solutions nous paraît très peu conforme à la volonté du législateur : le législateur a entendu réserver à l'autorité supérieure le pouvoir de statuer. De plus, admettre que les contribuables peuvent eux-mêmes, par leur propre volonté, s'accorder une exemption de droits, c'est non seulement une théorie inconnue dans notre législation fiscale, mais encore condamnée par le bon sens.

Il faudra donc recourir à un arrêté préfectoral ; c'est d'ailleurs, à la suite d'une entente entre les divers services, la solution qui a été adoptée en pratique. Cet arrêté préfectoral, évidemment, n'aura pas à statuer sur l'autorisation de la libéralité ; d'ailleurs, si même une disposition accordant cette autorisation y était contenue, ce

---

1. Loi du 4 février, article 4.

serait là un article de pure forme, sans utilité, et qui ne changerait pas le véritable caractère de l'arrêté, l'acceptation faite par les représentants des établissements étant valable par elle-même.

Cette pratique administrative est, croyons-nous, parfaitement conforme à la pensée qui a dicté le paragraphe 2 de l'article 19 de la loi du 25 février ; elle assure, en effet, le contrôle effectif de l'autorité supérieure ; mais on ne peut se dissimuler qu'elle est contraire au texte même de ce paragraphe : il serait donc fort désirable que le législateur sanctionnât cette solution expédiente et équitable, en modifiant en conséquence les termes de l'article 19.

*
* *

Après avoir examiné la portée de la déclaration du caractère de bienfaisance des libéralités, après avoir vu dans quelles circonstances, à quelle époque, et sous quelles formes elle pourrait intervenir, il nous reste à rechercher à quelles libéralités elle doit s'appliquer et à quels établissements elle peut être accordée.

La question paraît plus facile à trancher, car le paragraphe 1er de l'article 19 semble, à première vue, clair et précis ; les seules libéralités qui peuvent donner lieu à la déclaration sont : « Les dons et legs faits aux départements et aux communes, en tant qu'ils sont affectés par la volonté expresse du donateur à des œuvres d'assistance, ainsi que les dons et legs faits aux établissements publics charitables et hospitaliers, aux sociétés de secours mutuels [1] et à toutes autres sociétés reconnues d'utilité publique dont les ressources sont affectées à des œuvres d'assistance. »

Tout d'abord, nous devons remarquer que les libéralités charitables ne jouissent d'un tarif de faveur que lorsqu'elles sont faites à des établissements publics ou d'utilité publique ; la volonté du législateur s'est formellement affirmée sur ce point ; des amendements ayant pour but de faire bénéficier de ce tarif certaines libéralités de bienfaisance, tels que des legs alimentaires, etc., ont été repoussés après une discussion très courte.

---

1. La jurisprudence du Conseil d'État a décidé que toutes les sociétés de secours mutuels, reconnues ou non d'utilité publique, devaient être appelées à bénéficier du tarif de faveur.

En second lieu, une distinction doit être faite immédiatement entre les départements et les communes et les autres établissements : les libéralités faites aux premiers doivent, pour être soumis aux droits de 9 p. 100, avoir été affectées par la volonté des donateurs à des œuvres d'assistance : si donc un legs est fait sans destination spéciale à un département et que le conseil général veuille l'employer, par exemple, à subventionner un service d'assistance, le droit réduit n'est pas applicable [1].

Cette restriction n'est pas édictée pour les libéralités faites aux autres établissements.

Est-ce à dire que tous les dons ou legs faits aux établissements publics charitables ou aux sociétés reconnues d'utilité publique, dont les ressources sont affectées à des œuvres d'assistance, vont bénéficier des dispositions de faveur de la loi de 1901 ? Certainement, rien dans le texte même du paragraphe 1er ne s'y oppose : cependant le paragraphe 2 du même article, en déclarant qu'il sera statué sur le « caractère de bienfaisance de la disposition », montre bien qu'il s'agit d'apprécier si la libéralité est ou non charitable : sinon, il était inutile d'exiger un acte spécial du gouvernement ou du préfet, au moins en ce qui concerne des établissements publics tels que des hôpitaux ou des bureaux de bienfaisance, dont la mission d'assistance ne peut faire l'objet d'aucun doute. C'est d'ailleurs en ce sens que la jurisprudence du Conseil d'État s'est affirmée : l'on refuserait, par exemple, d'accorder la déclaration pour un legs fait à une communauté religieuse à charge de construire ou de réparer une chapelle, pour la partie d'un legs fait à un hôpital ou à un hospice qui serait grevée de charges religieuses ou d'entretien de tombes, etc.

Ainsi qu'on l'a vu par la simple énumération du paragraphe 1er, la loi a seulement désigné les catégories d'établissements qui peuvent être appelés à bénéficier de l'exemption partielle des droits : elle a laissé à l'autorité administrative un très large pouvoir d'ap-

---

1. Cette disposition a d'autant plus d'importance que, de plus en plus, la doctrine et la jurisprudence tendent à reconnaître au département et surtout à la commune une capacité générale en matière d'assistance. C'est ainsi que le Conseil d'État a, depuis 1901, considéré qu'un legs fait à la commune pour les pauvres ou pour les malades, devait être accepté par le maire, au nom de la commune et en vertu d'une délibération du conseil municipal, les établissements charitables de la commune devant seulement en accepter le bénéfice.

préciation pour déterminer les établissements qui rentrent dans ces catégories ; le législateur n'a même pas exigé, comme pour les sociétés d'enseignement populaire, que les sociétés ou les établissements d'assistance exercent gratuitement leur mission de bienfaisance. Cela résulte très nettement du rapport présenté à la Chambre des députés par M. Mesureur : il y est dit que le texte présenté, et qui était celui que le Sénat avait adopté, était préférable à celui que la Chambre avait voté en 1895, parce qu'il était plus compréhensif et permettait même d'accorder le bénéfice du tarif réduit à des libéralités faites aux établissements qui ne sont pas absolument gratuits.

L'autorité administrative doit accorder la déclaration lorsque, d'une part, les établissements bénéficiaires de la libéralité rentrent bien dans l'énumération de l'article 19, et que, d'autre part, la libéralité elle-même doit servir à une œuvre d'assistance ; mais doit-elle le faire dans tous les cas, et même dans le cas où la réduction des droits ne profitera pas directement à l'établissement institué ?

Voici l'espèce que nous avons en vue : dans un très grand nombre de libéralités, les donateurs ou testateurs prennent à leur charge ou mettent à la charge de la succession tous les frais auxquels donnent lieu la donation, le legs qu'ils se proposent d'accomplir ; ils font, en d'autres termes, une libéralité nette de tous frais et droits. Dans ces conditions, la réduction des droits profiterait non pas à l'établissement, mais aux héritiers du testateur ou au donateur lui-même : y a-t-il lieu de faire néanmoins la déclaration ?

La question s'est posée en pratique et, après quelques hésitations, elle a été résolue par l'affirmative. Certes, ce sont surtout les établissements de bienfaisance que le législateur a entendu favoriser, et l'on pourrait soutenir que la situation privilégiée de ces établissements ne saurait influer sur les droits que doivent payer d'autres contribuables ; mais, d'une part, il faut remarquer que la réduction des droits, même en faveur des donateurs ou de leurs héritiers, est un encouragement à faire des libéralités aux établissements charitables, et surtout à faire ces libéralités nettes de tous frais et droits. Très souvent, plutôt que d'infliger à leurs héritiers le payement de droits considérables, les testateurs omettraient cette dernière clause et par conséquent les droits de 9 p. 100, au lieu d'être pris sur la succession, seraient prélevés sur le legs lui-même, sur le bien des pauvres, sans aucun profit pour le Trésor, qui ne percevrait jamais que ces droits de 9 p. 100.

D'ailleurs, à côté de cet argument de fait, on peut invoquer un argument de droit tout à fait concluant : dans la discussion de la loi devant les Chambres, deux amendements, l'un de M. Lebret, à la Chambre, l'autre de M. César Duval, au Sénat, furent déposés et soutenus par leurs auteurs : tous deux avaient pour but d'accorder une réduction plus forte encore aux dons et legs charitables. Or l'argument principal invoqué par M. Mesureur, rapporteur, à la Chambre, et au Sénat par M. Caillaux, ministre des finances, pour faire repousser les amendements, fut celui-ci : « Ceux qui bénéficieront des mesures trop bienveillantes que vous allez prendre, ce ne sont pas les établissements eux-mêmes, mais les héritiers des bienfaiteurs de ces établissements ; car, le plus souvent, les legs charitables sont faits nets de frais et droits. » Les amendements furent repoussés : personne ne vint contester la vérité des paroles du rapporteur et du ministre : il est donc certain que, si les héritiers devaient bénéficier d'un tarif encore plus réduit, *a fortiori* doivent-ils bénéficier du tarif de 9 p. 100 accordé en faveur des legs charitables. C'est là un point dorénavant acquis, et sur lequel l'administration de l'enregistrement est parfaitement d'accord avec la jurisprudence adoptée par le Conseil d'État.

*
* *

Nous avons ainsi examiné quelques-unes des difficultés qu'a fait naître l'interprétation de l'article 19 de la loi du 25 février 1901 ; nous ne prétendons pas d'ailleurs les avoir résolues, ni même les avoir prévues toutes. C'est, en effet, la pratique seule qui peut révéler ces difficultés.

Mais, en nous basant sur la tendance générale de la jurisprudence, nous croyons pouvoir tirer de cette étude deux conclusions :

La première, c'est qu'il est nécessaire, pour donner une interprétation juridique de l'article 19, de ne pas étendre la portée de la déclaration gouvernementale ou préfectorale, de ne voir en elle qu'un acte qui permettra de faire valoir des droits, sans créer lui-même ces droits. C'est là, nous avons essayé de le démontrer, le seul critérium sur lequel on puisse véritablement compter pour déterminer les pouvoirs de l'autorité administrative, à qui incombe la déclaration, et de l'autorité judiciaire, juge du contentieux des contributions indirectes.

En second lieu, la jurisprudence adoptée soit par le Conseil d'État, soit par les divers ministères que la question peut intéresser, nous semble s'être inspirée du principe suivant qui doit faciliter la solution des difficultés ultérieures : c'est que, lorsqu'une difficulté se produit, elle doit être tranchée selon l'esprit plus encore que selon la lettre de la loi. La jurisprudence a interprété la législation, à bon droit, croyons-nous, en appliquant d'une manière libérale une disposition écrite dans un esprit d'équité, pour aider d'une manière efficace au développement des idées de bienfaisance et de solidarité.

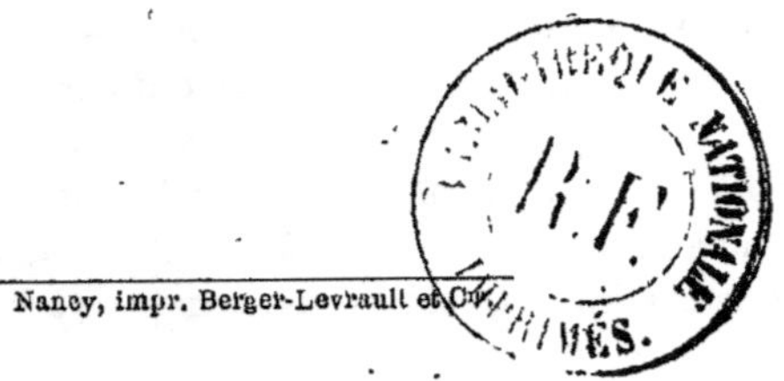

BERGER-LEVRAULT ET Cⁱᵉ, LIBRAIRES-ÉDITEURS

PARIS, 5, rue des Beaux-Arts. — 18, rue des Glacis, NANCY.

REVUE DES ÉTABLISSEMENTS DE BIENFAISANCE

ET D'ASSISTANCE

Assistance médicale gratuite, Hospices, Hôpitaux,
Bureaux de Bienfaisance et d'Assistance, Monts-de-Piété, Asiles d'aliénés,
Enfants assistés, Dépôts de mendicité, Sociétés de Charité maternelle,
Crèches et autres Établissements publics ou privés.

Vingtième année, 1904.

La *Revue* paraît par cahiers mensuels de 32 pages in-8. Prix d'abonnement : **10 fr.** par an.
Les années antérieures sont en vente au même prix.

Tables générales, alphabétique, systématique et chronologique des tomes I à XVI 1885 à 1900). Suivies des textes des *Dispositions législatives et réglementaires concernant l'assistance.* Un volume in-8 de 652 pages, relié en percaline . . . . **12 fr.**

Hôpitaux et Hospices. *Règlement intérieur.* Circulaire ministérielle du 15 décembre 1899. Règlement-modèle annoté et commentaire. Documents annexes. Tables analytique et alphabétique. 1901. Un volume in-8 de 178 pages, broché . . . . **3 fr.**

L'Assistance médicale gratuite (*Commentaire de la loi du 15 juillet 1893*), par Édouard CAMPAGNOLE, docteur en droit, rédacteur au ministère de l'intérieur, secrétaire du conseil supérieur de l'assistance publique. Deuxième édition. 1895. Un volume in-8 de 463 pages. Prix, broché . . . . **6 fr.** — Relié en percaline . . . . **7 fr.**

Assistance médicale gratuite. *Instruction pour l'exécution de la loi du 15 juillet 1893.* Circulaire du ministre de l'intérieur du 18 mai 1894. — Brochure in-8. . . . . . . **60 c.**

Réflexions sur le fonctionnement et le rôle de l'assistance publique en France, par A. SAVOURÉ-BONVILLE, inspecteur départemental des enfants assistés et des établissements de bienfaisance. 1893. Volume in-12 . . . . **2 fr.**

De l'Assistance publique à Paris, par Paul FEILLET, ancien chef de cabinet du préfet de la Seine. 1888. Volume grand in-8, broché . . . . **3 fr.**

Des Secours à domicile dans la ville de Paris. *Historique et réformes,* par Alfred DES CILLEULS, ancien administrateur de bienfaisance. 1892. Grand in-8 . . . . . . **2 fr. 50 c.**

Administration et Comptabilité des Bureaux de bienfaisance. *Traité pratique destiné aux membres des commissions administratives des bureaux de bienfaisance, aux receveurs de ces bureaux, aux maires, aux employés des sous-préfectures et des préfectures,* par Léon THORLET, chef de bureau à la préfecture de la Seine. 1889. Un volume in-8, broché . . . . **5 fr.** — Relié . . . . **6 fr. 50 c.**

Règlement sur la tenue de la comptabilité des Économes dans les établissements publics d'assistance. 1902. In-8. . . . . **75 c.**

Les Enfants assistés à travers l'histoire, par Georges CHEVILLET, sous-inspecteur de l'assistance publique. Ouvrage honoré d'une souscription du Conseil général de Seine-et-Marne. 1903. Un volume in-8 de 279 pages. broché . . . . **5 fr.**

De l'Administration des enfants assistés. *Manuel du candidat à l'Inspection.* Répertoire méthodique de la législation et des instructions ministérielles, par A. METERIÉ-LARREY, inspecteur du service des enfants assistés, et DRIMONT, sous-inspecteur. 1897. Un volume in-12 de 326 pages, broché . . . . **4 fr.** — Relié en percaline . . . . **5 fr.**

De l'Assistance publique relativement à l'enfance, par J. MARIE, professeur à la Faculté de droit de Rennes. 1892. Grand in-8 . . . . **2 fr.**

De la Protection du premier âge. *Loi du 23 décembre 1874.* Commentaire et guide pratique à l'usage des maires, secrétaires de mairie, médecins-inspecteurs, juges de paix et de l'administration préfectorale, par A. LENOIR, juge de paix à Reims. 2ᵉ édition. 1898. Un volume grand in-8 de 312 pages, broché . . . . **5 fr.**

Le Droit des pauvres sur les spectacles en Europe. *Origine, Législation, Jurisprudence,* par Gabriel GROS-MAYREVIEILLE, membre du Conseil supérieur de l'assistance publique, administrateur des hospices de Narbonne. 1889. Un volume in-8 de 218 pages, broché . . . **6 fr.**

Libéralités charitables. *Capacité des établissements charitables et des bureaux de bienfaisance,* par Léon BÉQUET, maître des requêtes au Conseil d'État. 1882. Gr. in-8, br. **1 fr. 75 c.**

Législation sur les Aliénés. *Recueil des lois, décrets et circulaires ministériels (1790-1879). Discussions de la loi sur les aliénés à la Chambre des députés et à la Chambre des pairs (1837-1838).* 1884. Trois volumes grand in-8, brochés . . . . **18 fr.**

www.ingramcontent.com/pod-product-compliance
Lightning Source LLC
Chambersburg PA
CBHW051223070726
47595CB00018B/2831